Raus aus dem Elend!

GEORG ANNUß

Raus aus dem Elend!

Ein Strategieansatz für die SPD

Bibliografische Information der Deutschen Nationalbibliothek: Die Deutsche Nationalbibliothek verzeichnet diese Publikation in der Deutschen Nationalbibliografie; detaillierte bibliografische Daten sind im Internet über dnb.dnb.de abrufbar.

Verlag: BoD · Books on Demand GmbH, Überseering 33, 22297 Hamburg, bod@bod.de
Druck: Libri Plureos GmbH, Friedensallee 273, 22763 Hamburg

ISBN: 978-3-7693-5274-0

Inhalt

I. Worum es geht

Wer in der SPD nach den Ursachen für ihre seit Jahren anhaltende Schwäche fragt, erhält häufig die Antwort, dass man zwar die richtigen Themen und Lösungsansätze habe, sie allerdings nicht erfolgreich „unter's Volk" bringen könne. Tatsächlich liegen die Gründe für ihren Niedergang jedoch tiefer. Sie wurzeln in erster Linie in einem Strategiedefizit und einer unzureichenden Strukturierung des politischen Diskurses. Solange diese Mängel nicht behoben sind, darf die SPD nicht darauf hoffen, die politische Hegemonie in der Gesellschaft zurückzugewinnen.

Die folgenden Ausführungen konzentrieren sich deshalb auf die Einrichtung eines gelingenden Strategie- und Diskursprozesses als notwendige Voraussetzung für eine erfolgreiche inhaltliche Positionierung der SPD. Sie sind getragen von der Überzeugung, dass die Rettung der SPD aller Mühen wert ist. Die SPD ist die verantwortungsvollste sowie mutigste Partei der deutschen Geschichte und war der wichtigste Fortschrittsmotor Deutschlands. Eine Rückkehr zu alter Stärke setzt voraus, dass die SPD die Gründe für ihre momentane Schwäche ehrlich zur Kenntnis nimmt und endlich ihre Lebensgeister weckt. Erforderlich dafür sind ein klarer Blick und die Bereitschaft zu entschlossenem Handeln. Zu beidem möchten die folgenden Überlegungen ermutigen.

II. Der Ausgangspunkt: Eine Partei ohne Orientierung

Die SPD hat sich selbst verloren. Sie hat sich nicht zu Tode gesiegt, wie Ralf Dahrendorf in seinen berühmten Überlegungen zum „Ende des sozialdemokratischen Jahrhunderts" im Jahr 1983 prophezeite, sondern sie droht an ihrer eigenen Schwäche zugrunde zu gehen. Diese Schwäche resultiert daraus, dass die SPD den Kontakt zur Lebenswirklichkeit weitgehend verloren hat. Sie ist nicht in der Lage, die Komplexität der modernen Gesellschaft sowie die daraus resultierenden Gefahren für die Selbstverwirklichung des Einzelnen und ein friedvolles Miteinander realistisch zu erfassen. Dieses Erkenntnisdefizit gepaart mit dem Fehlen strategischer Köpfe in der Führung der

SPD macht es unmöglich, ein politisches Konzept zu entwickeln, das auf die Sorgen und Wünsche der Menschen eingeht und ihnen Hoffnung auf eine Sicherung oder gar Verbesserung ihrer individuellen Lebensverhältnisse gibt.

Die SPD hat mit der Wahlniederlage Gerhard Schröders im Jahr 2005 ihren letzten strategisch denkenden sowie gestaltungsmächtigen politischen Führer verloren und ist zu einer Vereinigung reaktiver Bewahrer mutiert, die nicht mehr den zukunftsgerichteten planvollen Kampf „für gleiche Rechte und Pflichten und für die Abschaffung aller Klassenherrschaft" sowie für die „politische und ökonomische Befreiung" des Einzelnen – im Blick hat, wie es im Eisenacher Programm von 1869 kraftvoll hieß. Sie hat sich seit ihrer Regierungsbeteiligung in der großen Koalition dem von der strategiefernen Taktikerin Angela Merkel praktizierten Stil opportunistischer Ad-hoc-Entscheidungen ergeben und die Formulierung sowie Verfolgung übergeordneter sozialdemokratischer Richtungsziele aus den Augen verloren. Die SPD hat damit der Verantwortung für eine nachhaltige Sicherung des verfassten Gemeinwesens entsagt und sich auf die Pflege eines überkommenen Gesellschaftsbildes sowie die pragmatische Bewältigung tagespolitischer Einzelprobleme beschränkt.

Mit dieser Grundeinstellung begab die SPD sich im Dezember 2021 in die von ihr geführte Ampelkoalition, worin sie trotz schwieriger Rahmenbedingungen einige bemerkenswerte Erfolge erzielte. So hat die Bertelsmann-Stiftung der Regierung im Herbst 2023 eine „sehr vielversprechende Halbzeitbilanz" bescheinigt und anlässlich ihres vorzeitigen Endes festgestellt: „Wenn es darum geht, Fleißkärtchen zu verteilen, hat die Ampel eine ganze Menge davon eingesammelt. Sie hatte sich in ihrem Koalitionsvertrag ein enorm umfangreiches Reformprogramm vorgenommen. Mehr als 450 konkrete Regierungsvorhaben vereinbart. Da ist auch tatsächlich vieles abgearbeitet worden. Es hat wichtige und große Reformvorhaben gegeben".[1]

---

[1] Robert Vehrkamp, zitiert nach www.tagesschau.de/inland/innenpolitik/ampel-koalition-bilanz-102.html [zuletzt abgerufen am 15.04.2025].

Auch der gleichermaßen sympathische wie eloquente Kanzleramtsminister Wolfgang Schmidt konnte die Anstrengungen und Erfolge der Regierung mitreißend schildern und überzeugend den Eindruck vermitteln, dass Olaf Scholz die Hebel der Macht gut zu bedienen wusste. Wer Wolfgang Schmidt einen Abend zuhören durfte, ging mit dem guten Gefühl nach Hause, dass Olaf Scholz und sein Team wissen, was sie tun. Reflektierte man seinen Vortrag und das Regierungshandeln allerdings mit kritischer Distanz, wurde offenbar, dass im Kanzleramt nicht weitsichtige originelle Politiker, sondern bloße Politiktechniker am Werk waren. Sie konnten zwar innerhalb des tradierten Rahmens einzelne politische Handlungsziele formulieren und wirksam umsetzen. Allerdings befassten sie sich nicht näher mit der Suche nach einem konsensfähigen Leitbild der heutigen Gesellschaft und den daraus resultierenden politischen Richtungszielen sowie den zu ihrer Verwirklichung gebotenen Maßnahmen. Sie waren unfähig zu erkennen, dass die moderne Gesellschaft gänzlich andere Antworten auf die im Wesentlichen unveränderten politischen Kernfragen verlangt, als sie in dem überkommenen Handlungsrahmen gefunden werden konnten. Deshalb war es ihnen erst recht unmöglich, jenseits dieses Rahmens überzeugende Problemlösungen zu entwickeln, die auf gesellschaftliche Akzeptanz hoffen durften.

Dieser Mangel an strategischem Denken und politischer Originalität ist ein wesentlicher Grund dafür, dass Olaf Scholz in dem unvermeidbaren Koalitionsstreit als führungsschwacher Kanzler wahrgenommen wurde und die SPD als identitätslose Verliererin aus der Ampel hervorging. Die Menschen bemerkten zwar, dass die Regierung zahlreiche wichtige Entscheidungen traf und umsetzte, doch war nicht erkennbar, wie diese Einzelmaßnahmen sich zu einem stimmigen und ihren Interessen entsprechenden Ganzen zusammenfügen könnten. Es fehlte ein übergeordnetes und ausreichend konkretes Narrativ, mit dem die gesellschaftliche Mehrheit sich identifizieren konnte und das die Menschen darauf vertrauen ließ, dass die Kanzlerpartei ihre Interessen verantwortungsvoll vertreten würde.

Dabei wäre es falsch, in Olaf Scholz den Alleinschuldigen für die Schwächung der SPD durch ihre Beteiligung an der Ampelkoalition zu sehen. Es gehörte zum Aufgabenbereich der Parteispitze, ein klares Profil der Partei zu entwickeln und deutlich zu machen, wofür die SPD steht und inwieweit sie in der Regierung zu Kompromissen und damit zu einer pragmatischen Relativierung ihrer politischen Ziele gezwungen war. Die SPD hätte Kraft und Attraktivität gewonnen, wenn sie sich jenseits ihrer Regierungsarbeit ernsthaft der Frage gewidmet hätte, welche Großthemen für den Erhalt unserer Gesellschaft wesentlich sind und welche politische Position und Handlungsvorschläge sie dazu über den Koalitionskonsens hinaus anbietet, um auf diese Weise auch eine verlässliche Leitlinie für die Erarbeitung notwendiger Kompromisse im politischen Alltag zu gewinnen.

III. Grundwerte alleine machen keine Politik

Freiheit, Gerechtigkeit und Solidarität sind die Grundwerte der SPD. Sie sind für eine Gesellschaftsordnung unverzichtbar, in der jeder Mensch sein Leben in Gemeinschaft mit anderen möglichst selbst bestimmen kann. Das Hamburger Programm der SPD aus dem Jahr 2007 rückt diese Trias daher – ebenso wie bereits das Godesberger Programm von 1959 – zu Recht in den Mittelpunkt. Es leistet jedoch keine ausreichende Hilfe bei der Übersetzung dieser Grundwerte in politische Richtungsziele und konkrete Handlungsvorschläge. Es verharrt letztlich in der Beliebigkeit hoch abstrakter Begriffe und ermöglicht damit keine verlässliche Orientierung, sondern erweist sich als Projektionsfläche für unterschiedlichste – oft miteinander unvereinbare sowie weitgehend unreflektierte – Hoffnungen und Sehnsüchte.

Die Begriffe Freiheit, Gerechtigkeit und Solidarität sind vielfältiger politischer Aufladung zugänglich. Als politisches Identifikations- und Unterscheidungsmerkmal taugen sie nur nach einer Erklärung des mit ihnen verbundenen politischen Verständnisses und ihrer Ausprägung in konkret handlungsleitenden politischen Richtungszielen. Dies erfordert einen ernsthaften und intensiven politischen Diskurs, der seinerseits eine sorgfältige Vorbereitung und Strukturierung sowie insbesondere eine gezielte Verengung auf die gesellschaftlichen "Hauptwidersprüche" voraussetzt. Dafür ist sorgfältige strategische Hintergrundarbeit notwendig, die kaum kurzfristige öffentliche Anerkennung erfahren wird. Diese strategische Gestaltung des politischen Diskurses ist Aufgabe der politischen Parteien und primär ihres Spitzenpersonals. Die SPD hat in dieser Hinsicht dramatisch versagt.

Die SPD hat es nicht geschafft, die Vielzahl der tagespolitischen Einzelfragen unter wenigen handlungsleitenden Richtungszielen zu versammeln und den allgemeinen politischen Diskurs auf diese Richtungsziele zu konzentrieren, um den Menschen im Rahmen einer intensiven inhaltlichen Diskussion eine rationale Auseinandersetzung und emotionale Identifikation mit diesen Richtungszielen zu ermöglichen. Dies hätte die politische Gestalt der SPD erkennbar gemacht und damit einen Wegweiser für die Lösung der zahlreichen politischen Einzelfragen bereitgestellt. In einem so gestalteten Diskursrahmen hätten diese Detailfragen in Fachzirkel mit spezifischer Sachkompetenz verwiesen werden können, um sie dort unter Orientierung an den übergeordneten Richtungszielen jeweils einer wohldurchdachten Lösung zuzuführen. Auf diese Weise wäre der allgemeine politische Diskurs entlastet worden und hätten sich Freiräume aufgetan für eine intensive Diskussion der für den Zusammenhalt der Gesellschaft und ihre Fortentwicklung grundlegend wichtigen Fragen.

Stattdessen hat die SPD sich dem amorphen Zeitgeist ergeben und verschiedenste Einzelfragen zusammenhanglos diskutiert, ohne sich über deren Bedeutung für den Zusammenhalt und die Fortentwicklung unserer Gesellschaft Rechenschaft abzulegen. Beispielhaft für diesen Politikstil stehen die mit geradezu verschwenderischem Aufwand in den Jahren 2018 und 2020 inszenierten Debattencamps, auf denen eine nahezu unüberschaubare Vielfalt von Einzelthemen in kurzen Workshops jeweils in erschreckender Oberflächlichkeit sowie im wahrsten Sinne des Wortes „gleichgültig" behandelt wurden. Diese Debattencamps machten nur deutlich, welche Themenvielfalt und wie viele unterschiedliche Positionen zu Einzelfragen in der

SPD versammelt sind, ohne einen Beitrag zu ihrer Bündelung und Hierarchisierung zu leisten. Als ich diesen Ansatz seinerzeit kritisierte und vorschlug, den Diskurs innerhalb der SPD durch Bildung verschiedener Bedeutungsebenen zu strukturieren, um auf diese Weise ein politisches Narrativ erzeugen und eine politische Bewegung initiieren zu können, erntete ich beinahe durchgängig Unverständnis und Ablehnung, die sich beispielhaft in den Worten einer achtzigjährigen Genossin ausdrückte: Ich solle nicht so verkopft sein; wofür die SPD stehe und was gerecht sei, das wüssten „wir in der SPD" schließlich.

Deutlicher als in den Worten dieser älteren Genossin lässt sich das Problem der SPD kaum ausdrücken. Die SPD hat sich von einer strategisch agierenden „Bewegungspartei", die positiv auf eine Gestaltung der gesellschaftlichen Verhältnisse zur Realisierung eines vergleichsweise klar konturierten Zielbildes gerichtet war, zusehends zu einer reaktiven „Gesinnungspartei" entwickelt, die sich im Wesentlichen allein damit auseinandersetzt, ob sie von anderen initiierte oder durch die herrschenden Verhältnisse bewirkte Veränderungen der Lebenswirklichkeit unterstützt oder ablehnt. Als wesentliche Zugehörigkeitsbedingung erscheint nicht mehr das aktive Streben nach einer reflektierten gerechten Ordnung des gesellschaftlichen Zusammenlebens, sondern eine unspezifische Solidarisierung mit „den Schwachen" und Unterprivilegierten. In der heutigen SPD ist man sich einig, dass die Starken abgeben und die Schwachen hinzugewinnen sollen, ohne zu bestimmen, wer damit genau gemeint ist, und ohne sich näher mit den Funktionsbedingungen des weltumspannenden Wettbewerbssystems auseinanderzusetzen sowie die Umverteilungsvorstellungen zu konkretisieren oder gar in ein Lösungsangebot für die gesamte Gesellschaft einzubetten. Um nicht falsch verstanden zu werden: Sowohl multithematische Debattencamps als auch eine starke Gesinnungsgemeinschaft können wichtige Kennzeichen einer vitalen und wirkungsmächtigen Partei sein. Dies gilt allerdings nur, wenn sie auf klar konturierte politische Handlungsziele ausgerichtet sind.

Hingegen kann eine unkoordinierte Gesinnungsgemeinschaft Einigkeit allenfalls in der Bejahung oder Verneinung der bestehenden Zustände erzielen, nicht aber eine planvolle Veränderung der Verhältnisse bewirken. Dies gelingt nur, wenn die unterschiedlichen Interessen in einer diskursiven Kompromissbildung zu greifbaren politischen Richtungszielen verdichtet werden, die als Kristallisationspunkte für eine gleichgerichtete politische Bewegung taugen, indem sie den Beteiligten mit ihren je unterschiedlichen Detailvorstellungen ein gemeinsames Bild von der erstrebten Gestaltung der Lebenswirklichkeit vermitteln. Die Organisation dieses Diskurses und seine Entfaltung in der Gesellschaft sowie die Initiative für eine Anpassung der gesellschaftlichen Ordnung an eine veränderte gesellschaftliche Lebenswirklichkeit sind primäre Aufgabe der politischen Parteien.

Dies ist der SPD aus dem Blick geraten. Sie hat in den vergangenen Jahren weder ihre politischen Hauptthemen noch daraus abgeleitete griffige Richtungsziele auf der Grundlage eines identitätsstiftenden Diskurses formuliert und erst recht keine überzeugenden Strategien zur Etablierung einer auf diese Ziele ausgerichteten demokratischen Bewegung entwickelt. Das Ergebnis war eine letztlich orientierungslose Partei, deren Mitglieder und Repräsentanten unüberschaubar viele Einzelpositionen weitgehend ungeordnet nebeneinander vertreten. Indes vertraut kein vernünftiger Mensch die Vertretung seiner Interessen einem Orientierungslosen an, und genau das ist das Problem der SPD.

IV. Vordenken und Handeln

„Alle große politische Aktion besteht im Aussprechen dessen, was ist, und beginnt damit". Wenige Sätze haben bei Sozialdemokraten eine ähnliche Prominenz erlangt, wie dieser Leitspruch von Ferdinand Lassalle. So richtig dieser Satz ist, so wenig darf verantwortungsvolle Politik sich mit ihm zufriedengeben. Der politische Prozess ist wesentlich vielschichtiger und verlangt insbesondere die gedankliche Hinterfragung des Bestehenden sowie ein Hinwegdenken von diesem in Richtung möglicher gesellschaftlicher Gestaltungsoptionen und daraus abzuleitender politischer Handlungsziele.

Politische Aktion ohne Einbettung in einen durchdachten Gestaltungs- und Handlungsplan taugt nicht als Instrument einer erfolgversprechenden Gestaltung des gesellschaftlichen Zusammenlebens. Sie kann nur punktuelle Veränderungen bewirken und ihre Kraft allein aus der Abkehr vom Bestehenden beziehen. Ein darauf fußender Politikstil setzt letztlich auf jeweils ad hoc gebildete Mehrheiten, die sich nur in der Negation der herrschenden Verhältnisse im Einzelfall einig sind, ohne sich um die Sicherung oder Herstellung einer gerechten und praktisch handhabbaren Ordnung für die gesamte Gesellschaft zu kümmern. Ein solches Vorgehen kann eine sinnvolle und wichtige Funktion erfüllen, wenn grundsätzliches Einvernehmen mit der vorhandenen Ordnung besteht und diese nur in einzelnen eng begrenzten Punkten geändert werden soll. Es taugt jedoch nicht für die nachhaltige Schaffung oder Erhaltung einer stabilen Gesellschaftsordnung, die nur durch strategische Gestaltung der tatsächlichen Verhältnisse im Hinblick auf ein ständig zu reflektierendes und ggf. anzupassendes Zielbild möglich ist. Dies haben viele große Revolutionäre bitter erfahren, denen durch eine Zusammenfassung der destruktiven Kräfte zwar eine Zerstörung des Vorhandenen gelang, nicht aber die Errichtung einer längerfristig lebensfähigen alternativen Ordnung.

Wer einen Regierungsanspruch erhebt und damit geltend macht, das gesellschaftliche Zusammenleben dauerhaft gerecht und friedvoll gestalten zu können, braucht eine Zielvorstellung, die sich nicht nur an dem Bestehenden abarbeitet, sondern über dieses hinausweist und erklärbar macht, weshalb diese Zielvorstellung und die zu ihrer Realisierung erforderlichen Mühen der gesellschaftlichen Unterstützung wert sind. Mit anderen Worten: Nur durch Affirmation, also durch das Eintreten für eine bestimmte Ordnung des gesellschaftlichen Zusammenlebens, nicht hingegen durch bloße Negation, kann ein politischer Führungsanspruch langfristig untermauert werden. Daraus folgt, dass eine auf politische Hegemonie gerichtete Strategie die Negation nie als selbständiges politisches

Instrument betrachten darf, sondern nur als Hilfsmittel zur schärferen Konturierung positiv formulierter Gestaltungsziele und zur Begründung ihrer Überlegenheit gegenüber konkurrierenden Konzepten. Deshalb kann es für eine Regierung kein kluges politisches Handeln sein, sich schlicht gegen die Opposition zu stellen und deren Ziele zu torpedieren, ohne gleichzeitig eigene Lösungsvorschläge für die von der Opposition adressierten Politikfelder zu liefern und deren Überlegenheit gegenüber den von der Opposition vertretenen Ansätzen zu erläutern.

Diese einfachen Zusammenhänge waren den Verantwortlichen in der SPD nicht ausreichend bewusst, als sie sich für eine Beteiligung an den Demonstrationen „gegen Rechts" oder „gegen Rechtsextremismus" entschieden, ohne gleichzeitig überzeugende politische Antworten auf jene Fragen zu geben, die von der zunehmenden Anhängerschaft der Rechten als ebenso wichtig wie unbeantwortet wahrgenommen werden. Die SPD erkannte nicht, dass eine Regierung, die sich ohne eigene inhaltliche Antwort gegen die Opposition stellt, ihren Regierungsanspruch bereits aufgegeben und der Opposition die Rolle des politischen Führers zugestanden hat. Eine pauschale und nicht an konkreten Sachfragen festgemachte Zurückweisung der AFD rückt die von ihr besetzten Themen und die von ihr gesetzte Tonalität ins Zentrum der politischen Auseinandersetzung und führt damit zu einer Stärkung der AFD sowie der von ihr vertretenen Positionen.

Politisch geboten ist stattdessen eine durch das Eintreten für eigene Gestaltungsziele geprägte inhaltliche Auseinandersetzung mit den von der AFD besetzten Positionen, im Rahmen derer die Überlegenheit der eigenen Konzepte gegenüber den von der AFD propagierten Scheinlösungen verständlich erklärt wird. Unterbleibt dies, erscheint die bloße „Opposition gegen die Opposition" als Ausdruck des eigenen Unvermögens, die von der AFD benannten Herausforderungen zu bewältigen. Dadurch wird nicht nur das Vertrauen der Öffentlichkeit in die Problemlösungskompetenz der SPD geschwächt, sondern gleichzeitig die AFD gestärkt, da die von ihr adressierten Themen vielen Betrachtern dann als inhaltlich nicht widerlegbar und die von ihr angebotenen Lösungen als „alternativlos" erscheinen. Dadurch wird der Eindruck vertieft, dass die Anliegen der AFD berechtigt sind und die SPD (bzw. eine von ihr gebildete Regierung) keine Lösungen für die von der AFD benannten Probleme anbieten kann. So ergibt sich ein Teufelskreis, in dem die Macht der AFD zur Setzung der zentralen Themen des politischen Diskurses immer größer und die SPD zunehmend an den Rand gedrängt wird.

Eine friedliche und gerechte politische Führung der Gesellschaft wird nur demjenigen zugetraut, der glaubhaft macht, dass er die für die Gesellschaft wesentlichen Problemstellungen erkennt, richtig priorisiert und vernünftigen Lösungen zuführt. Voraussetzung dafür ist die Orientierung am Wohlergehen der gesamten Gesellschaft und nicht nur einzelner ihrer Mitglieder. Deswegen dürfen Partikularinteressen und insbesondere die eigenen politischen Ziele nicht absolut gesetzt werden, sondern sind ganzheitliche Lösungskonzepte gefragt, die auf einen gerechten Ausgleich möglichst aller in der Gesellschaft vertretenen Interessen gerichtet sind. Der dafür erforderlichen Analyse der gesellschaftlichen Verhältnisse sowie der Entwicklung darauf abgestimmter politischer Gestaltungsvorstellungen hat die SPD sich in den letzten Jahrzehnten immer weniger gewidmet. Sie hat sich mit großem Engagement auf die Erarbeitung plausibler Antworten für eine Vielzahl tagespolitischer Fragestellungen konzentriert und sich dem „Primat der gewieften Taktik für den Moment" (Münkler) unterworfen, während sie die langfristig wirksame politische Grundlagenarbeit und insbesondere das Bemühen um einen Handlungsplan zur strategischen Fortentwicklung der Gesellschaft beinahe vollständig eingestellt hat.

Die SPD verfügt bereits seit längerem nicht mehr über einen intellektuellen Resonanzraum, innerhalb dessen wohldurchdachte politische Ziele und Strategien zu ihrer Verwirklichung erarbeitet werden können. Es ist deshalb nicht überraschend, dass die Diskussion in der SPD weitgehend zu einem Austausch oberflächlicher Politparolen verkommen ist und in lediglich reaktiver Auseinandersetzung mit den jeweils herrschenden Verhältnissen auf den Wogen des Mainstreams richtungslos dahintreibt. Unter den prominenten Repräsentanten der SPD ist heute niemand, der sich um eine langfristige Politikgestaltung auf der Grundlage ernsthafter Reflexion sowie Auseinandersetzung mit verschiedenen denkbaren Lösungsansätzen – insbesondere politisch Andersdenkender – kümmert. Die SPD hält in ihrer Organisation nicht einmal Strukturen vor, in denen diese politische Grundlagenarbeit geleistet werden könnte. Es fehlt eine Zwischenebene zwischen der abstrakt-moralisierenden Grundwertekommission sowie den durch die kleinteilige Behandlung von Einzelinteressen geprägten Arbeitskreisen und Arbeitsgruppen. Eine solche Zwischenebene wäre erforderlich, um durch strategisch-programmatisches Vordenken jenseits des politischen Tagesgeschäfts richtunggebende Leitbilder und dazu passende politische Handlungsziele sowie Argumentationsmuster zu entwickeln, die von den übrigen Parteigremien und den Repräsentanten der SPD im täglichen Dialog weiter ausdifferenziert werden können.

Ich möchte deshalb die Einrichtung einer ständigen Programmkommission vorschlagen, die sich kontinuierlich mit der Identifizierung politischer Handlungsziele und der Entwicklung von Strategien zu ihrer Umsetzung befasst. Dabei geht es über die Aufstellung umfassender Partei- und Wahlprogramme hinaus vor allem um die Definition und inhaltliche Ausgestaltung von Schwerpunkten für die konkrete politische Arbeit sowie die Erarbeitung von Techniken, um diese Schwerpunkte ins Zentrum der gesellschaftlichen Diskussion zu rücken. Nur auf diese Weise kann ein bestimmender Einfluss auf die Wahrnehmung und Meinungsbildung der Öffentlichkeit ausgeübt werden, der Voraussetzung für die Erlangung der kulturellen und schließlich politischen Hegemonie innerhalb der verfassten Gesellschaft ist.

Die Programmkommission wäre ein Arbeitsgremium, das nicht in die Arena der tagespolitischen Auseinandersetzung gezogen und nicht als ein weiteres Forum für die Selbstdarstellung von Parteifunktionären missverstanden werden dürfte. Ihre Binnenstruktur sollte einige wenige Programmforen umfassen, in denen für die wichtigsten Politikfelder (etwa „Wirtschaftspolitik", „Sozialpolitik", „Innenpolitik", „Außenpolitik" sowie „Europapolitik und Politik der internationalen Zusammenarbeit") Vorschläge für politische Handlungsziele und Diskursstrategien erarbeitet werden, die sodann von der Programmkommission zu einer Gesamtstrategie zusammengefasst werden.

Die Programmkommission hätte darauf zu achten, dass möglichst viele in der Gesellschaft vertretene Positionen in den Blick genommen und ernsthaft analysiert werden, da sich nur auf dieser Grundlage erfolgversprechende Strategien für einen die gesamte verfasste Gesellschaft umspannenden Interessenausgleich entwickeln lassen. Damit ist gleichzeitig gesagt, dass die Programmkommission dem in der SPD oftmals anzutreffenden Drang widerstehen müsste, den Fachdiskurs primär als Instrument zur Bestätigung der eigenen Positionen und Vorurteile zu interpretieren und damit in einer Weise zu verengen, dass in erster Linie „Rechtgläubige" zu Wort kommen, während Andersdenkende mit ihren Argumenten weder ausreichend Gehör noch erst recht inhaltliche Berücksichtigung finden. Eine Volkspartei muss sich davor hüten, die Durchsetzung von Partikularinteressen zum ungefilterten Ziel ihres Handelns zu machen. Zwar können sie wichtige Triebfedern für politische Initiativen sein, doch besteht die Aufgabe der Volksparteien wesentlich darin, solche Partikularinteressen als abwägungsbedürftiges Element einer ganzheitlich erfassten Gesellschaftsordnung zu interpretieren und einem gesellschaftsweiten Interessenausgleich zuzuführen.

Es liegt ganz auf der hier vertretenen Linie, wenn Carsten Brosda eine „neue Grundsätzlichkeit" fordert, um Maßstab und Ziele der sozialdemokratischen Politik zu definieren. Jedoch irrt er mit seiner Einschätzung, die SPD könne diese Grundlagenarbeit ohne weiteres leisten, „weil sie über jahrzehntelange Erfahrung darin verfügt, eigentlich nicht integrierbare Positionen so ins Gespräch zu bringen, dass gemeinsame Perspektiven für eine gerechte Gesellschaft entstehen"[2]. Genau dies hat die

---

[2] Brosda, Mehr Zuversicht wagen, 2023, S. 196 f.

SPD in den letzten Jahrzehnten verlernt. Ihre heutigen Repräsentanten sind angesichts einer auf den antagonistischen Tagesdiskurs ausgerichteten politischen Sozialisation überwiegend nicht in der Lage, über den bestehenden Rahmen hinausweisende strategische Gestaltungsvorschläge zu entwickeln oder wenigstens die Notwendigkeit eines solchen strategischen Vorgehens zu erkennen. Das drückt sich beispielhaft aus in der immer wieder zu hörenden Forderung, die SPD müsse sich zur Wiedererlangung alter Stärke auf ihre Tradition besinnen und zu einer Politik „der ‚unteren Hälfte' gegen die ‚obere Hälfte'" zurückkehren[3]. Indes darf niemand berechtigterweise auf die Übertragung eines Regierungsmandats hoffen, der von vornherein nur die Interessen einer Hälfte der Gesellschaft „gegen" die Interessen der anderen Hälfte vertreten will und sich nicht um einen gerechten Ausgleich möglichst aller in der verfassten Gesellschaft bestehenden widerstreitenden Interessen bemüht.

Ein auf einen gesellschaftsweiten Interessenausgleich gerichteter Politikansatz ergibt sich in der SPD nicht von selbst. Die Mitgliederbasis ist weit von einem repräsentativen Querschnitt der deutschen Gesellschaft entfernt. Nahezu jedes zweite Mitglied der SPD ist oder war im öffentlichen Dienst beschäftigt, der nur etwa ein Zehntel der Arbeitsplätze in Deutschland umfasst. Über 70 Prozent der Parteimitglieder sind älter als 50 Jahre und nur ein Drittel sind Frauen, obwohl ihr Anteil an der Gesamtbevölkerung knapp 51 Prozent beträgt. Die innerparteiliche Diskussion wird folgerichtig beherrscht durch die spezifische Perspektive des wirtschaftlich abgesicherten, weitgehend auf die vorhandenen Strukturen fixierten männlichen Staatsdieners, der in seiner Lebenswirklichkeit weder mit der Funktionsweise der entgrenzten Wettbewerbsgesellschaft noch mit den daraus resultierenden Handlungszwängen und Gefährdungen unmittelbar konfrontiert ist. Dies begünstigt einen Strukturkonservatismus, der auf die bestehenden sozial- und rechtsstaatlichen Verhältnisse fixiert ist und nicht zur Kenntnis

---

[3] So etwa Mielke/Ruhose, Zwischen Selbstaufgabe und Selbstfindung – Wo steht die SPD?, 2021, S. 22.

nimmt, dass die Verteidigung der für eine freiheitlich-egalitäre und solidarische Gesellschaft konstitutiven Werte heute wesentlich andere gesellschaftliche Anforderungen stellt als im ausgehenden Deutschen Kaiserreich und der Weimarer Republik sowie der frühen Bundesrepublik.

Das prototypische SPD-Mitglied braucht sich in seinem Alltag weder mit der immer stärkeren Abkoppelung der Unterschicht sowie der unteren Mittelschicht vom gesellschaftlichen Fortschritt auseinanderzusetzen, noch sind ihm die Verlustängste der oberen Mittelschicht verständlich. Die größte politische Herausforderung für die SPD dürfte allerdings darin bestehen, dass ihre Mitglieder – und entsprechendes gilt für die meisten anderen Parteien – keine eigene Anschauung davon haben, wie sehr die politische Gestaltungsmacht mittlerweile im Besitz eng umgrenzter Eliten liegt, die gesellschaftliche Strukturfragen ohne demokratische Rückanbindung und ohne Orientierung an einem gesellschaftlichen Interessenausgleich nach eigenen Vorstellungen regeln.

Diese strukturbedingte Wahrnehmungsschwäche der SPD führt in Verbindung mit unzureichender politischer Grundlagenarbeit dazu, dass die Programmatik der SPD an den gesellschaftlichen Bedürfnissen vorbei geht, mithin „das Alte stirbt und das Neue nicht zur Welt kommen kann"[4]. Steuert die SPD dem nicht bewusst entgegen, wird sie sich immer weiter nach innen kehren und von der Lebenswirklichkeit entfernen, so dass ihre politischen Lösungsangebote dem bestehenden System verhaftet bleiben und damit ungeeignet sind, eine systemüberschreitende Transformation herbeizuführen. Diese ist allerdings in vielen Bereichen unumgänglich, um passende Antworten auf die veränderten gesellschaftlichen Fragestellungen geben zu können.

Kurzum: Was es braucht, ist die planvolle Organisation eines strategieorientierten politischen Diskurses mit langfristig aus-

---

[4] So die schöne Beschreibung einer politischen Krise durch Antonio Gramcsi, Gefängnishefte, Bd. 2, Hrsg. Von Wolfgang Fritz Haug, Hamburg/Berlin, 1991, S. 354 (Heft 3, § 34).

gerichteten Denk- und Diskussionsräumen, der seinen Ausgangspunkt nicht beim bestehenden System nimmt, sondern bei der Analyse der gesellschaftlichen Verhältnisse und Bedürfnisse, um Veränderungsbedarfe erkennen und darauf reagierende Lösungsvorschläge erarbeiten zu können. Dazu gehört auch eine nachhaltige Verlängerung des politischen Diskurses in die wissenschaftliche Auseinandersetzung an den Hochschulen und in die Medien, um darüber eine breite Verankerung in der Gesellschaft zu erreichen.

Das Ziel sollte die Erzeugung langfristig angelegter politischer Bewegungen zu den Grundfragen unserer Gesellschaft sein, da den Menschen nur auf diese Weise - und nicht durch die kurzfristige Behandlung unzähliger Einzelfragen – Orientierung gegeben und ein Gefühl der Zugehörigkeit („Teil der Bewegung") vermittelt werden kann. Erst ein solches Zugehörigkeitsgefühl schafft das für eine Transformation des gesellschaftlichen Ordnungsrahmens sowie eine konstruktive Bewältigung konfliktbehafteter Problemstellungen notwendige Vertrauen. Nur auf dieser Basis wird es dem Einzelnen ermöglicht, ihm nicht genehme Detailregelungen als Elemente einer von ihm grundsätzlich unterstützten Ordnung des gesellschaftlichen Zusammenlebens zu empfinden und als solche zu tolerieren. Deswegen ist es dringend nötig, dass die SPD die politische Grundlagenarbeit vorantreibt, bevor sie sich den unüberschaubar vielen Einzelfragen zuwendet.

V. Vom reaktiven Strukturkonservatismus zur wertorientierten Gestaltungsinitiative

Jede freiheitlich-egalitäre Gemeinschaft beruht auf einem Bekenntnis ihrer Mitglieder, das stetiger Erneuerung bedarf. Ernest Renan hat dies vor nahezu 150 Jahren für Staaten in bewundernswerter Klarheit ausgedrückt mit den Worten: „l'existence d'une nation est un plébiscite de tous les jours".[5] Eine freiheitliche Gesellschaft kann nicht durch Zwang, sondern nur durch das gemeinsame Wollen der sie tragenden Individuen

---

[5] Renan, Qu'est-ce qu'une nation?, 1882.

geschaffen und erhalten werden. Sie muss dem Einzelnen daher überzeugende Gründe bieten, seinen individuellen Freiheitsdrang zu beschränken und sich als Teil der gesellschaftlichen Ordnung zu verstehen. Erst die übereinstimmende Bejahung einer gemeinsamen Ordnung fasst ihre Angehörigen zu einem „Wir" zusammen, und erst die Entstehung des „Wir" lässt die Gemeinschaft als ein von ihren Mitgliedern abstrahiertes Subjekt erscheinen, das eigene Interessen gegenüber Dritten, aber auch gegenüber seinen Trägern formulieren kann, was Voraussetzung für einen wirksamen Schutz der einzelnen Bürger und die Herstellung eines gerechten Interessenausgleichs zwischen ihnen durch die verfasste Gesellschaft ist. Freiheit lässt sich deshalb nicht in Gegensatz zur Demokratie stellen, wie Helmut Schelsky der CDU als Reaktion auf den erfolgreichen Bundestagswahlkampf Willy Brandts im Jahr 1972 empfahl.[6] Demokratie ist ohne Freiheit, insbesondere verstanden als Chance zu freier und solidarischer Selbstverwirklichung, nicht vorstellbar, und diese Freiheit zur Selbstverwirklichung drückt sich gerade in der gleichberechtigten Teilhabe am politischen Prozess aus, um darin eigene Vorstellungen thematisieren und bei Unterstützung durch die Mehrheit realisieren zu können.

Für jede freiheitliche politische Gemeinschaft sind zwei Fragen von fundamentaler Bedeutung: Zu welchen Zwecken ist sie gebildet und wo verlaufen ihre Grenzen? Dabei determiniert die Beantwortung der ersten Frage in wesentlicher Hinsicht die Beantwortung der zweiten. Angesichts der gegenwärtig zu verzeichnenden Erosion des gesellschaftlichen Zusammenhalts ergibt sich die dringende Notwendigkeit, den überkommenen gesellschaftlichen Konsens über Struktur und Grenzen der verfassten Gesellschaft kritisch zu hinterfragen und ihn gegebenenfalls neu zu justieren. Dies geht nur durch eine wertschätzende Einbeziehung der Opponenten des bestehenden Systems, um nach Wegen zu suchen, damit sie wieder zu Teilhabern des gesellschaftlichen Konsenses gemacht werden

---

[6] Schelsky: Die selbständigen und die betreuten Menschen, in: Frankfurter Rundschau, 3. Oktober 1973, S. 12 (1. Teil); ders.: Von den Betreuern bedrohte Freiheit. Die Münchner Rede des Soziologen Helmut Schelsky (Fortsetzung und Schluss), in: Frankfurter Rundschau, 4. Oktober 1973, S. 12.

können. Das wird wahrscheinlich nur durch allseitige Hinterfragung und Anpassung der jeweils eigenen Position möglich sein. Jedoch spricht nichts dafür, dass eine solche Neuaushandlung des gesellschaftlichen Konsenses nicht gelingen kann, sofern man sie nur ernsthaft und ausreichend offen, insbesondere ohne Absolutheitsanspruch für die jeweils eigene Position, versucht.

Unverzichtbare Voraussetzung dafür ist allerdings, dass politisch Andersdenkende – und das gilt auch für Unterstützer der AFD – nicht ohne Weiteres als Feinde unserer Gesellschaft ausgegrenzt oder gar persönlich diffamiert, sondern als gleichberechtigte Gesellschaftsmitglieder anerkannt werden. Es ist deshalb falsch und führt nur zu weiterer Polarisierung der Gesellschaft sowie Gefährdung ihres Zusammenhalts, wenn einzelne Positionen und Gedankenansätze pauschal als populistisch kategorisiert und auf diese Weise aus der weiteren Diskussion über die Gestaltung des gesellschaftlichen Rahmens ausgeschlossen werden. Damit werden gleichzeitig ihre Anhänger aus der Gesellschaft ausgegrenzt, so dass sie keinen Anlass mehr haben, sich gegenüber der Gesellschaft solidarisch zu zeigen und im Interesse ihrer Erhaltung Beschränkungen der eigenen Freiheitsbereiche hinzunehmen.

Dabei ist der Vorwurf des Populismus allzu oft nichts anderes als eine Kampfparole der Profiteure des bestehenden Systems, die damit eine Reformdiskussion abblocken und auf diese Weise ihre gesellschaftliche Position auf Kosten der Minderprivilegierten absichern wollen. Demgegenüber gilt es zu erkennen, dass auch die als populistisch denunzierten Politikalternativen einzelne ernstzunehmende Ansätze enthalten, die es wert sind, am „demokratischen Tisch" verhandelt zu werden.[7] Es ist deshalb ein politischer Fehler, die AFD sowie die Neue Rechte und insbesondere ihre Vordenker nicht zur Kenntnis zu nehmen. Nur wer sich ernsthaft mit deren Zielen, insbesondere dem Hirngespinst des Erhalts der ethnokulturellen Identität in

---

⁷ Piketty, in: Piketty/Sandel, Die Kämpfe der Zukunft, 2025, S. 56.

Deutschland[8], und den zu ihrer Realisierung entwickelten Strategien[9] auseinandersetzt, kann erkennen, dass ihr Erfolg zu einem großen Teil auf einem Missbrauch berechtigter Kritik an den bestehenden Verhältnissen zur Realisierung verwerflicher politischer Richtungsziele besteht. Diese Erkenntnis ist Voraussetzung für eine Entzauberung der Neuen Rechten und ihre politische Marginalisierung.

Eine sorgfältige Analyse der von der Neuen Rechten artikulierten Kritik an der bestehenden Ordnung kann politische Handlungsnotwendigkeiten aufzeigen, für die sodann sozialdemokratische, auf den Erhalt einer freiheitlich-egalitären und solidarischen Gesellschaft gerichtete, Konzepte entwickelt werden können. Auf dieser Grundlage ließe sich belegen, dass die Neue Rechte zu den von ihr benannten Kritikpunkten keine tragfähigen Lösungsangebote hat, womit gleichzeitig der Kern ihres politischen Ansatzes herausgearbeitet würde: Der feindselig-rassistische Rückzug in ein Phantasiegebäude des ethnisch homogenen Nationalstaats, für das in einer weltweit vernetzten kooperativen Wettbewerbsordnung mit einem freiheitlich-egalitären Menschenbild kein Platz ist.

Will die SPD sich dieser Aufgabe stellen, muss am Anfang ein klares Bekenntnis zu ihrem Charakter als Volkspartei stehen, die sich um einen gerechten Ausgleich der Belange aller Angehörigen der Gesellschaft bemüht.[10] Damit geht angesichts der seit Errichtung der bestehenden gesellschaftlichen Ordnung grundlegend veränderten gesellschaftlichen Lebenswirklichkeit geradezu zwangsläufig der Auftrag zu einer alle Gesellschaftsmitglieder erfassenden Neuverhandlung des gesellschaftlichen Konsenses einher. Diesem Auftrag hat die SPD sich seit mittlerweile zwei Jahrzehnten nicht mehr gestellt. Ihr fehlte insoweit bereits das Problembewusstsein, nachdem der

---

[8] Sellner, Regime Change von rechts, 2023, S. 25.

[9] Vgl. dazu etwa Höcke/Hennig, Nie zweimal in denselben Fluss, 2018; Krah, Politik von rechts, 2023; Sellner, Regime Change von rechts, 2023; ders., Remigration, 2024; grundlegend: Alain de Benoist, Kulturrevolution von rechts, 1985.

[10] Insoweit Zustimmung verdienen die Überlegungen von Michael Heidinger, Die Vermessung der SPD, 2024, S. 35 ff.

Hartz-IV-Schock und die daraus resultierende tunnelhafte Konzentration auf jene Bevölkerungsgruppen, die der solidarischen Unterstützung besonders bedürfen, sie unfähig gemacht hatte, einen ausreichend klaren Blick auf die gesellschaftliche Wirklichkeit und die Bedürfnisse der gesamten Gesellschaft zu werfen.

Die SPD konnte daher nicht erkennen, dass ihre Problemanalyse und ihre Lösungsansätze die Grundbedingungen einer freiheitlichen Arbeitsgesellschaft missachteten und sich in der realitätsfernen Ideologie einer wirtschaftlich abgesicherten sowie reaktiven linken Mittelschicht verloren. Sie war blind für den Umstand, dass immer mehr hart arbeitende Bürger am unteren Rand der Gesellschaft die gesellschaftlichen Strukturen nicht mehr als Garanten ihrer individuellen Freiheitsräume und eines gerechten Interessenausgleichs, sondern als Instrument der Fremdbestimmung durch eine auf ihre eigenen Vorteile bedachten herrschende Klasse empfanden. Die SPD hat sich nicht ernsthaft genug mit den Grundstrukturen und Risiken einer freiheitlich-egalitären Wettbewerbsgesellschaft sowie der Frage auseinandergesetzt, ob die gut ausgebildeten und gut situierten Mitglieder unserer Gesellschaft bei der Durchsetzung ihrer Interessen sowie ihres Weltbildes überzogen und dadurch aus Sicht der minderprivilegierten Schichten den gesellschaftlichen Konsens aufgekündigt haben. Sie konnte deshalb weder die zunehmende wettbewerbsbedingte Polarisierung der Gesellschaft realistisch erfassen noch angemessen darauf reagieren, dass gerade bei Angehörigen der unteren und mittleren Mittelschicht – nicht unberechtigt – der Eindruck entstanden ist, dass es in Deutschland nicht mehr gerecht zugeht und sie deshalb keinen Grund haben, den Staat mitzutragen.

Hier muss die SPD ansetzen. Einerseits hat sie sich intensiv mit den gesellschaftlichen Folgen der zügig voranschreitenden kapitalbasierten Machtakkumulation bei einer demokratisch ungebundenen Wirtschaftselite zu beschäftigen und Strategien zu entwickeln, wie diese Macht gesellschaftlich domestiziert werden kann. Andererseits darf sie diejenigen, die sich aus dem demokratischen Prozess ausgeschlossen fühlen und sich

deshalb Parteien jenseits des Establishments zuwenden, nicht
a priori ausgrenzen und ihnen schon gar nicht in beleidigender
Form die Reife zur demokratischen Partizipation absprechen.
Die Unterstützung der Neuen Rechten und insbesondere der
AFD erfolgt meist nicht aus tiefwurzelnden verwerflichen Grün-
den, sondern ist ganz im Gegenteil häufig durch die Sehnsucht
nach Zugehörigkeit und Solidarität getragen. Die Unterstützung
der AFD beruht in den meisten Fällen nicht auf einer eigeniniti-
ativen Abkehr vom politischen Establishment und dem Staat,
sondern ist eine Reaktion der Menschen darauf, dass sie sich
nicht mehr gehört und gesehen sowie aus der politischen Gemeinschaft ausgeschlossen fühlen. Darin drückt sich oftmals
nichts anderes aus als der Wunsch der Minderprivilegierten
nach gleichberechtigter Teilhabe an der Gestaltung sowie am
Erfolg unserer politischen Gemeinschaft, verbunden mit dem
Streben nach Anerkennung, dass ihre Beiträge zum Gelingen
unserer Gesellschaft gleich wichtig sind wie die Beiträge der
besser situierten Gesellschaftsmitglieder.

Wenn innerhalb der Arbeiterschaft 38 % AFD und nur 12 % SPD
sowie von den Bürgern in schlechter finanzieller Lage 39 % AFD
und nur 12 % SPD wählen, ist das nicht durch eine plötzliche
Infizierung dieser für das Funktionieren unserer Gesellschaft
wesentlichen gesellschaftlichen Schichten mit rechtsextre-
mem Gedankengut zu erklären, sondern Ausdruck der Ver-
nachlässigung dieser Schichten und ihrer Interessen durch das
politische Establishment einschließlich der SPD, obwohl gerade diese Schichten zur Realisierung ihrer grundlegenden Frei-
heits- und Selbstverwirklichungsinteressen auf staatliche Ge-
währleistungen angewiesen sind. Nicht die Starken, sondern
die Schwachen brauchen den starken Staat und wirkungsvolle
demokratische Teilhabe, um nicht von der Mitgestaltung unseres gesellschaftlichen Zusammenlebens ausgeschlossen sowie in Unfreiheit und persönliche Ausbeutung hinabgedrückt
zu werden. Eine wesentliche politische Aufgabe besteht deshalb darin, die Bedeutung dieser Schichten für unsere Gesellschaft im gesellschaftlichen Bewusstsein zu verankern und ihre
Angehörigen wieder in den gesellschaftlichen Konsens einzu-

beziehen, um ihnen gute Gründe für die Bejahung unserer gesellschaftlichen Ordnung und unseres Staates zu geben.

Ohne eine gleichberechtigte Neuaushandlung des gesellschaftlichen Konsenses und die Erzielung eines zur veränderten Lebenswirklichkeit passenden fairen Interessenausgleichs zwischen allen Schichten der Gesellschaft wird eine freiheitliche, friedvolle und wirtschaftlich leistungsfähige Gesellschaft nicht langfristig gesichert werden können. Zuvörderst die SPD ist aufgerufen, sich dieser Aufgabe anzunehmen. Dabei sollte die Feststellung am Anfang stehen, dass die aktuelle gesellschaftliche Ordnung in ihren verschiedenen Dimensionen auf je spezifische und insbesondere zeitgebundene gesellschaftliche Verhältnisse reagiert hat, die teilweise längst nicht mehr bestehen. Zur Identifizierung des daraus resultierenden Veränderungsbedarfs ist die Differenz zwischen den überkommenen und den das zeitgenössische Zusammenleben prägenden gesellschaftlichen Zielvorstellungen zu ermitteln. Dafür darf nicht beim bestehenden System angesetzt und punktuell nach Veränderungsbedarfen gefragt werden. Notwendig ist vielmehr zunächst die Entwicklung eines auf die heutigen Verhältnisse gestützten gesellschaftlichen Zielbildes, das mit der bestehenden Ordnung verglichen werden kann, um so die zwischen ihnen bestehende Differenz und damit den gesellschaftlichen Veränderungsbedarf ermitteln zu können. Voraussetzung für die Herstellung eines solchen neuen Zielbildes ist, dass alle Mitglieder der Gesellschaft mit ihren je spezifischen Interessen in den Blick genommen werden, um auf dieser Basis im politischen Aushandlungsprozess eine bewusste Entscheidung darüber zu treffen, wie die unterschiedlichen Interessen zu einem gesellschaftlich akzeptablen Ausgleich gebracht werden sollen.

Es geht also darum, im ersten Schritt von der bestehenden Ordnung abzusehen, um nicht in Versuchung zu geraten, das Bestehende allein aus Furcht vor dem ungewissen Neuen zu verteidigen und auf diese Weise gesellschaftliche Missstände zu perpetuieren. Damit wird den Akteuren einiges abverlangt, zumal sie bei einem solchen Vorgehen nicht sicher sein können, welche Position sie selbst in der künftigen Gesellschaftsordnung einnehmen werden und inwieweit sie sich von liebgewonnenen Privilegien werden trennen müssen. Überdies birgt ein solches Vorgehen, das nicht nur reaktive Anpassungen des Bestehenden vornimmt, sondern auf die Etablierung eines neu entwickelten Ordnungsmodells gerichtet ist, für die politisch Verantwortlichen ein beträchtliches Risiko, da ein Fehlschlag und die Notwendigkeit einer – auch tiefgreifenden – Revision des verfolgten Zielbildes oder des eingeschlagenen Weges bei einem initiativ-gestaltenden Vorgehen wesentlich wahrscheinlicher sind als bei einem lediglich reaktiv-anpassenden Handeln. Deshalb ist es wichtig, die Möglichkeit solcher Fehlschläge und Anpassungsnotwendigkeiten als selbstverständliches Element eines gesellschaftlichen Entwicklungsprozesses zu verstehen, um den Fortschrittswillen nicht bei jedem unvorhergesehenen Hindernis zu gefährden und einen Rückfall in die resignative Akzeptanz der bestehenden Ordnung mit all ihren Mängeln zu begünstigen, wie die SPD ihn anlässlich der Hartz-IV-Reformen erlebt hat. Die Ausbildung ausreichender gesellschaftlicher Resilienz zur erfolgreichen Bewältigung gesellschaftlicher Veränderungsprozesse ist damit neben der inhaltlichen Ausgestaltung des politischen Diskurses eine weitere wesentliche Aufgabe der politischen Parteien.

VI. Eine Öffnung der SPD tut not

Die SPD hat sich in den letzten zwei Jahrzehnten gänzlich der Aufgabe entzogen, ein zur heutigen Lebenswirklichkeit passendes Zielbild der gesellschaftlichen Ordnung zu entwickeln, weshalb sie sich auch nicht mit flankierenden Maßnahmen zur Sicherung seiner Realisierung zu befassen brauchte. Ein wesentlicher Grund für diesen Ausfall initiativ-origineller Politikgestaltung und die Beschränkung auf reaktive ad-hoc-Anpassungen der bestehenden Ordnung dürfte in der unzureichenden Qualität und Ausbildung ihres politischen Personals liegen.

Die SPD fragt bei der Auswahl ihres Führungsnachwuchses typischerweise nicht danach, wer am besten geeignet ist, um vor dem Hintergrund einer immer ausdifferenzierteren und komplexeren Wettbewerbsordnung zeitgemäße Lösungen für die

Gestaltung einer freiheitlich-egalitären und solidarischen Gesellschaft zu entwickeln und die SPD als moderne Volkspartei zu entfalten. Wichtigste Erfolgskriterien sind vielmehr nach wie vor ausreichend Stallgeruch sowie eine möglichst bruchlose Einfügung in die bestehenden parteiinternen Strukturen und Gewohnheiten. Demgemäß richtet sich der Blick der Erfolgswilligen in der Partei in erster Linie nicht auf das gesellschaftlich Notwendige, sondern auf die Erwartungen der Parteigenossen, die über die Vergabe der parteiinternen Positionen entscheiden. Diese Erwartungen haben sich angesichts des von der Mehrheit der Parteigenossen in ihrer Lebenswirklichkeit kaum oder nur verzerrt wahrgenommenen gesellschaftlichen Fortschritts indes zunehmend von dem zur Gewährleistung einer freiheitlich-egalitären und solidarischen Gesellschaft Gebotenen entfernt. Folgerichtig erweist sich einerseits eine ernsthafte Befassung mit dem in der Gesellschaft tatsächlich bestehenden Veränderungsbedarf als hinderlich für die Parteikarriere und führt umgekehrt eine erfolgreiche Parteikarriere regelmäßig zu einer (weiteren) Entkoppelung von der gesellschaftlichen Realität, so dass dort bestehende Veränderungsbedarfe nicht mehr zutreffend erfasst werden, was zwangsläufig eine Abwärtsspirale begründet: Da die parteiinterne Diskussion wesentlich durch die Funktionsträger der Partei mit ihrem Wahrnehmungs- und Denkhorizont geprägt wird, setzt sich deren Weltferne in der parteiinternen Diskussion und der Positionierung der Partei fort, was wiederum jene abschreckt, die nicht an einer Parteikarriere, sondern an der wirkungsvollen Mitgestaltung der Gesellschaft interessiert sind. Deren Rückzug aus der parteiinternen Diskussion hat seinerseits eine weitere Entfremdung der Partei von der gesellschaftlichen Lebenswirklichkeit zur Folge, womit der selbstverstärkende Negativzirkel perfekt ist.

Das Ergebnis dieser gesellschaftsfernen Einigelung lässt sich in der SPD von der Kommunal- bis zur Bundesebene allenthalben besichtigen. Durchgängig finden sich in den jeweiligen Spitzenpositionen weit überwiegend Personen, denen der Schweißgeruch der parteiinternen Ochsentour anhaftet und die keinen Zugang zu gesellschaftlichen Schichten außerhalb der eigenen

Parteiblase haben. Zur Erlangung eines solchen Zugangs fehlen ihnen oftmals sowohl die habituellen als auch die intellektuellen Voraussetzungen. Daraus resultieren ein nahezu vollständiger Ausfall eines tiefergehenden politischen Diskurses in der SPD und ein für eine Volkspartei dramatischer Verlust der Anschlussfähigkeit an breite Schichten sowohl am oberen als auch am unteren Ende des gesellschaftlichen Spektrums. So finden die Perspektive und die Lebensverhältnisse der für den friedlichen Zusammenhalt unserer Gesellschaft eminent bedeutsamen gehobenen und oberen Mittelschicht ebenso wenig Berücksichtigung wie diejenigen der Selbstständigen und Freiberufler. Entsprechendes gilt für den unteren Rand der Gesellschaft, den die SPD zwar weiterhin gerne in den Mittelpunkt ihrer politischen Agitation rückt, dessen Lebensumstände und Sichtweisen sowie Bedürfnisse ihr allerdings weitgehend verschlossen sind, was sich mitunter in übergriffigem Paternalismus mit beinahe folkloristischen Zügen Bahn bricht.

Die SPD wird ernstzunehmende Vorschläge für eine ganzheitliche Adjustierung des gesellschaftlichen Konsenses nur unterbreiten können, wenn sie zu einem breiten parteiinternen Diskurs zurückfindet, in dem möglichst viele in der Gesellschaft vertretene Sichtweisen und Interessen berücksichtigt werden. Auf diese Weise würde sichergestellt, dass die schließlich von der SPD formulierten Gestaltungsvorschläge aufgrund einer sorgfältigen inhaltlichen Abwägung und Untermauerung in die öffentliche politische Diskussion eingeführt würden und darin richtungsbestimmende Kraft entfalten könnten. Die Schaffung – genauer: Wiederherstellung – eines solchen vertieften und differenzierten parteiinternen Diskurses würde die Beteiligung an der parteiinternen Diskussion in der SPD auch wieder für solche Menschen attraktiv machen, die nicht auf die Erlangung politischer Ämter abzielen, sondern wirkungsvoll an einer gelingenden Gestaltung unserer Gesellschaftsordnung mitwirken wollen. Voraussetzung dafür ist allerdings, dass die SPD sich ihrer strukturellen Schwäche bewusst wird und einen auf wenige Hauptthemen konzentrierten, dafür aber gleichermaßen breit wie tief und langfristig angelegten Diskurs organisiert, den sie unter gezielter Einbindung geeigneter Impulsgeber und

Diskursteilnehmer mit je unterschiedlichen Sichtweisen jenseits des parteiinternen Mainstreams aktiv fördert und gestaltet, bis er eine ausreichende Vitalität erlangt hat, um sich autonom weiterzuentwickeln.

Dies kann nur gelingen, wenn die SPD sich von dem in § 8 Abs. 1 ihres Organisationsstatuts verankerten Grundsatz verabschiedet, wonach die gesamte Willensbildung in der Partei sich in jeder Hinsicht von unten nach oben vollzieht und folglich von den Ortsvereinen auszugehen hat. Die SPD muss erkennen, dass die Kleinteiligkeit der über 12.000 Ortsvereine nicht geeignet ist, überzeugende Konzepte zur Fortentwicklung unserer Gesellschaftsordnung von der Parteibasis aus zu entwickeln. Richtig erschiene es hingegen, die grundlegenden Richtungsfragen in der hier vorgeschlagenen Programmkommission herauszuarbeiten, die sodann in den Landesverbänden sowie den etwa 350 Unterbezirken in strukturierten Diskussionen zu vertiefen wären, um auf dieser Basis dem Bundesvorstand sorgfältig ausgearbeitete Themenvorschläge und dazu passende Aktionsstrategien zur Entscheidung vorlegen zu können. Ergänzend käme den Ortsvereinen die wichtige Rolle zu, die in der Partei entwickelten Strategien argumentativ nachzuvollziehen und sie vor Ort selbstbewusst und mit überzeugender Begründung in die Gesellschaft zu tragen. Dabei würden sich idealerweise diejenigen Persönlichkeiten herauskristallisieren, die ein besonderes Talent für die Transmission der parteiintern entwickelten Strategien in den allgemeinen gesellschaftlichen Raum haben und damit als erfolgversprechende Kandidaten für politische Ämter in Betracht kommen.

VII. Weniger ist mehr

Will die SPD wieder die politische Hegemonie in der Gesellschaft erlangen, darf sie sich nicht verzetteln, sondern muss sie durch die Konzentration auf einige wenige in Einklang mit ihren Grundwerten stehende Hauptthemen ein scharfes Profil als Volkspartei entwickeln. In Betracht kommt etwa ein Dreiklang aus den Hauptthemen „Freiheit – Wohlstand – Sicherheit". Die Hauptthemen dienen dazu, den Menschen eine grundsätzliche Orientierung zu geben und deutlich zu machen, dass die SPD einen Politikansatz für die gesamte Gesellschaft und nicht nur für einzelne Interessengruppen verfolgt. Allerdings bleiben die Hauptthemen beliebig und ohne Kraft zur Ausbildung einer politischen Bewegung, weil sie nicht erkennbar machen, welche konkreten Vorschläge die SPD für die Gestaltung der gesellschaftlichen Wirklichkeit hat. Deshalb ist es eminent wichtig, diese Hauptthemen durch Richtungsziele zu ergänzen, die ausreichend konkret sind, um dem politischen Tagesgeschäft als Leitlinie zu dienen.

Gegenstand der Richtungsziele sind mithin benennbare Projekte, die unmittelbar auf eine Veränderung der Lebenswirklichkeit gerichtet sind und deren gesellschaftliche Bedeutung sowie Wirkung pragmatisch diskutierbar sind. Dabei ist sicherzustellen, dass die Richtungsziele jeweils erkennbar in den Hauptthemen verankert sind und ihre Zahl so klein bleibt, dass sie von den wahlberechtigten Mitgliedern der Gesellschaft vollständig erfasst werden können. Deshalb erscheint eine Konzentration auf fünf Richtungsziele sinnvoll, wobei jeweils darauf zu achten wäre, dass sie ausreichend langfristig angelegt sind, um sie stabil in der gesellschaftlichen Wahrnehmung zu verankern und auf diese Weise das Gefühl von Verlässlichkeit zu erzeugen sowie eine um die SPD kristallisierende politische Bewegung auszubilden.

Damit ist nicht gesagt, dass weitere Themen durch die SPD nicht besetzt werden sollen und kein Raum für eine Diskussion von Gruppeninteressen und – insbesondere in den unteren Parteigliederungen – regionalen oder lokalen Fragestellungen bleiben soll. Allerdings wäre stets darauf zu achten, dass die dazu gemachten Lösungsangebote mit den Hauptthemen und Leitzielen vereinbar sind und diese in der öffentlichen Wahrnehmung nicht überdecken. Denn nicht die – auch noch so gelungene – Bewältigung von Einzelfragen wird der SPD langfristigen politischen Erfolg bringen, sondern nur die Etablierung einer die Mehrheit der Gesellschaft erfassenden politischen Bewegung.

Die Ausgestaltung der Richtungsziele verlangt ihre sorgfältige Abstimmung auf die Bedürfnisse der verfassten Gesellschaft, womit gleichzeitig die Grenzen der gesellschaftlichen Ordnung bestätigt und ihre Unterscheidung von der nicht mehr gesellschaftszugehörigen Umwelt verdeutlicht werden. Eine klare Unterscheidung der verfassten Gesellschaft von ihrer Umwelt ist Voraussetzung für die Bestimmung ihrer Interessen sowie ihrer Verantwortung gegenüber den Gesellschaftsmitgliedern; sie ist überdies unverzichtbar für die Beschreibung der Reichweite der zwischen den Gesellschaftsmitgliedern gebotenen Solidarität. In dieser Hinsicht war die SPD in der Vergangenheit übermäßig zurückhaltend. Sie hat nicht ausreichend zur Kenntnis genommen, dass die Verwirklichung bestimmter Werte eine daran interessierte verfasste Gesellschaft mit klar konturierten Grenzen voraussetzt, wobei die Interessen der Gesellschaft sich nicht nur nach innen richten, sondern auch eine klare Positionierung gegenüber anderen verfassten Gesellschaften und Organisationen – wie insbesondere auch der Europäischen Union – gebieten.

Mit der hier vorgeschlagenen Konzentration der politischen Diskussion auf wenige Hauptthemen und Richtungsziele in einem umsichtig gestalteten Diskursprozess könnte die SPD ein stabiles Fundament für eine freiheitlich-egalitäre, solidarische und optimistische Bürgergesellschaft schaffen sowie gleichzeitig ein unverkennbares politisches Profil gewinnen. Dies würde durch alle weiteren in Einklang mit den Hauptthemen und Richtungszielen stehenden politischen Einzelmaßnahmen weiter geschärft und wäre damit als selbstverstärkendes System den diffusen Politikangeboten der anderen demokratischen Parteien in Deutschland eindeutig überlegen.

VIII. Und nun?

Die vorstehenden Überlegungen müssen all jene enttäuschen, die sich ein einfach zu handhabendes Rezept für ein Wiedererstarken der SPD erhoffen. Indes gibt es kein Zaubermittel. Die Schwindsucht der SPD kann nur durch sorgfältige gedankliche Vorarbeit und die konzentrierte Umsetzung einer langfristig ausgerichteten Strategie kuriert werden. Die dafür erforderlichen Voraussetzungen sind in der SPD derzeit nicht vorhanden und müssen im Rahmen einer engagierten parteiinternen Grundlagen- und Hintergrundarbeit geschaffen werden.

Zu diesem Zweck erscheint die Einrichtung einer kontinuierlich arbeitenden Programmkommission mit überwiegend nicht im politischen Tagesgeschäft gefangenen Mitgliedern geboten, um profilbildende Hauptthemen und Richtungsziele sowie einen darauf ausgerichteten und sorgfältig vorstrukturierten dauerhaften parteiinternen Diskurs zu etablieren, der seinerseits tatkräftige Zuversicht in eine gelingende Gestaltung der Lebenswirklichkeit hervorbringt. Nähme die SPD sich dieser Aufgabe entschlossen an, wäre das der erste Schritt zur Wiedererlangung politischer Kraft.